KB197249

How Does a Dog Become a Companion Dog?

What is a dog to you? Is a dog a quadruped? Is it a loving family member?

Dogs are the first livestock that have been domesticated since hunter-gatherer societies. Today, there are many different kinds of dogs in the world. The dog has been selectively bred over millennia for various behaviors, sensory capabilities, and physical attributes. As a result, modern dog breeds show more variations in size, appearance, and behavior than any other domesticated animal.

Dogs are especially loved and well cared for nowadays. They are called "man's best friend." Dogs and other animals can make our lives happier because they can be our good friends. Many people now call their animals "companion animals" instead of "pets." Companion animals bring pleasure, provide emotional support, and give us an extra hand. If we don't protect them, we can lose our animal friends forever.

Abusing an animal is no different to abusing a human being. Humans

have the moral obligation to be stewards of animals. Having a companion animal teaches children how to care about other living things.

Think of all the love you get from families and friends. If you love your dog, you need to know how to take care of it. This book will help teach children how to love and take care of another being.

In this book, children can learn about animal rights, proper dog treatment, and ways of reducing neglect. Now, let's take a look and meet our lovely dogs!

In the Text

개는
어떻게
반려견이
되었을까

풀과바람 지식나무 *44*

개는 어떻게 반려견이 되었을까
How Does a Dog Become a Companion Dog?

개정1판 1쇄 | 2023년 5월 30일
개정1판 2쇄 | 2024년 3월 29일

글 | 김남길
그림 | 끌레몽

펴낸이 | 박현진
펴낸곳 | (주)풀과바람
주소 | 경기도 파주시 회동길 329(서패동, 파주출판도시)
전화 | 031) 955-9655~6
팩스 | 031) 955-9657
출판등록 | 2000년 4월 24일 제20-328호
블로그 | blog.naver.com/grassandwind
이메일 | grassandwind@hanmail.net

편집 | 이영란
디자인 | 박기준
마케팅 | 이승민

ⓒ 글 김남길 · 그림 끌레몽, 2023

값 13,000원
ISBN 978-89-8389-154-9 73490

※잘못 만들어진 책은 구입처에서 바꾸어 드립니다.

제품명 개는 어떻게 반려견이 되었을까 | **제조자명** (주)풀과바람 | **제조국명** 대한민국
전화번호 031)955-9655~6 | **주소** 경기도 파주시 회동길 329
제조년월 2024년 3월 29일 | **사용 연령** 8세 이상
KC마크는 이 제품이 공통안전기준에 적합하였음을 의미합니다.

⚠ **주의**

어린이가 책 모서리에
다치지 않게 주의하세요.

개는 어떻게 반려견이 되었을까

김남길 · 글 | 끌레몽 · 그림

풀과바람

머리글

여러분에게 개는 어떤 의미를 지닌 존재인가요? 주변에서 흔하게 볼 수 있는 한 마리 동물인가요, 아니면 많은 기쁨을 함께하는 사랑스러운 가족인가요?

개는 일찍이 수렵 시대부터 인간이 길들여 온 최초의 가축입니다. 인류는 시대를 거슬러오며 교배와 번식을 통해 다양한 품종의 개를 탄생시켰습니다. 그 영향으로 특별한 능력이나 재주를 가진 개들이 많이 등장하게 되었지요. 동시에 새로운 품종의 개들은 원시적 고유한 개의 모습으로부터 점점 더 멀어지게 되었습니다.

과거의 개들은 사냥 본능이 뛰어난 종들이 주류를 이루었습니다. 그러나 오늘날에는 사람들 곁에서 '행복하게 살 권리'를 누리며 살아가는 종들이 많아졌어요. 사람들이 다양한 품종 가운데 원하는 종을 '반려견'으로 입양해 품 안의 자식처럼 돌보았기 때문이지요. 현대의 개는 이제 단순한 동물이 아니라 '또 하나의 가족'인 셈이에요.

개는 늑대의 핏줄을 이어받은 종입니다. 본디 사나운 야생의 늑대가 사람의 손에 의해 길들어 점차 온순한 동물로 변신한 것이 바로 개니까요. 과학자들은 늑대가 인간의 취향에 맞는 개가 되기까지는 '옥시토신'의 역할이 중요하게 작용했을 것이라고 합니다. 옥시토신은 포유류들이 어미의 젖을 빨 때나 부모가 핥아 주고 안아 줄 때 안정감을 느끼게 해 주는 호르몬이라고 해요. 사람과 개 사이에는 오랫동안 옥시토신과 같은 따뜻한 유대감이 형성되어 온 것으로 파악되고 있습니다. 사실 사람에게 있어 개는 그 어떤 동물보다도 특별한 관계를 맺고 있으니까요.

그런 개를 누구나 입양해 기르는 일은 자유입니다. 그러나 그에 대해 의무적으로 책임을 져야 합니다. 개를 키우다 말고 남몰래 버리는 일이 주변에서 자주 발생하고 있어요. 그것은 소중한 생명을 무책임하게 방치하는 행위나 다름없습니다.

개를 취미로 좋아하는 것과 가족의 일원으로 대하는 자세는 완전히 다릅니다. 개를 무심코 좋아하기만 한다면 입양하지 마세요. 개를 대하는 내 마음의 태도가 사랑으로 가득 차 있을 때 함께하세요. 그것이 바로 개와 주인이 서로 불행해지지 않을 수 있는 올바른 선택입니다. 부디 개를 입양한 뒤에는 함부로 대하거나 버리는 일이 없기를 간절히 바랍니다.

김남길

차례

01 개의 조상은 늑대

개의 학명은 '카니스 루푸스 파밀리아리스'로 '가족처럼 친근한 늑대'를 의미합니다. 인류는 수렵 시대부터 늑대를 개로 길들여서 생활해 왔다고 합니다. 이 과정에서 늑대가 개로 변하게 되었다는 것이지요. 이 말이 과연 사실일까요?

개의 원조는 회색늑대

고고학자들은 인류가 약 1만 8000년 전에 회색늑대를 개로 가축화했을 것으로 추정하고 있습니다. 회색늑대는 털빛이 회색을 띠는 늑대의 본종인데, 흰색과 검은색을 지닌 무리도 있습니다.

포유류 전성시대에 늑대의 본종 무리는 유라시아 대륙에 뿌리를 내리고 살았습니다. 그중에서 늑대 일부가 중동과 남아메리카로 이동했지요. 새 정착지에 도착한 늑대 무리는 다른 아종의 회색늑대로 자리 잡았어요. 그 무렵 인류는 이동 생활을 하며 회색늑대들과 자주 마주치게 되었습니다. 그 과정에서 우연히 어린 늑대를 잡아 집에서 기르며 길들였답니다.

가축화의 증거가 된 개의 머리뼈

늑대가 개로 가축화되었다는 증거는 많습니다. 세계 곳곳에 있는 인류 유적지에서 개의 머리뼈가 속속들이 발견되었기 때문이에요. 늑대와 개의 머리뼈는 형태가 다릅니다. 개의 머리뼈는 늑대보다 납작하고 이빨이 많습니다.

고고학자들은 팔레스타인의 선사 유적지와 독일의 본 오베르카셀 지역, 벨기에의 고예 동굴 등지에서 귀중한 개의 머리뼈를 발굴했습니다. 거기에는 순록과 사향소, 말 등의 뼈도 묻혀 있었지요. 고고학자들은 그것을 증거로 '개는 이미 오래전부터 인류의 곁에 머물러 있었다.'고 파악했습니다.

가장 최근에 개의 머리뼈가 발굴된 곳은 시베리아 남부의 알타이산맥입니다. 시기적으로 장장 3만 3000년 전의 것이지요. 그 머리뼈의 유전자를 분석한 결과 현대의 개와 아주 비슷하다는 사실이 밝혀졌습니다.

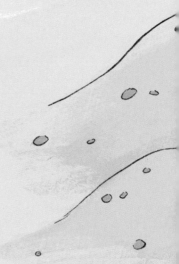

갯과의 직계 조상 토마르크투스

'미아키스'는 약 5500만 년 전 북아메리카와 유럽에 살던 육식성 포유류입니다. 초기의 미아키스는 나무를 타고 다니는 종이었어요. 그러나 나중에 그 후손들이 곰과 너구리, 하이에나, 물범 등으로 진화해 육지와 바다로 진출했습니다. 그리고 그 무리의 일부가 뒤에 떨어져 나와 '토마르크투스'로 불리는 육상 포식자로 등장했어요.

토마르크투스는 현재의 자칼과 코요테 그리고 늑대의 직계 조상이 되었습니다. 이 동물들은 족보가 같은 관계로 포유류 식육목의 한 과인 '갯과'로 통하지요.

미아키스

토마르크투스

개와 늑대의 유전자 차이는 단 1퍼센트

미국의 로버트 웨인 박사는 갯과 무리에 정통한 학자입니다. 그는 개의 기원에 관해 연구하면서 '개가 코요테나 자칼 또는 여우의 잡종일 것이다.'라고 예측했습니다. 그 실험을 위해 웨인 박사는 전 세계에 퍼져 있는 140마리의 개와 162마리의 늑대 세포를 얻어 디엔에이(DNA) 지문을 분석했어요. 그와 함께 코요테와 자칼, 여우의 유전자도 확보해 검사했습니다.

그런데 분석 결과는 뜻밖이었어요. 개의 유전자와 코요테, 자칼과의 유전자 차이가 6퍼센트나 되었어요. 그런데 개와 늑대의 유전자 차이는 단 1퍼센트에 불과했지요. 이 자료를 토대로 웨인 박사는 1997년에 '개는 길들인 늑대'라고 정의를 내렸답니다.

오~ 우린 형제!

1퍼센트의 다양성

개와 늑대의 유전자 차이는 단 1퍼센트이지만, 그 1퍼센트의 차이는 실로 어마어마합니다. 개의 생김새와 색깔, 크기, 성격 등의 특이한 형질이 1퍼센트의 유전자 안에서 다르게 결정되기 때문이지요. 그것을 '변이'라고 하는데, 여기서는 '늑대 같지 않은 돌연변이'를 일컫습니다.

곧, 새로 태어난 새끼 중에 멍멍 짖는 것과 귀가 긴 것, 주둥이가 짧은 것, 털이 긴 것 등으로 태어난 녀석들이죠. 사람은 그 돌연변이를 선택적으로 골라서 늑대와는 다른 개를 길러냈지요.

요즘 늑대

퍼그

차우차우

시추

가정견

옛날 늑대

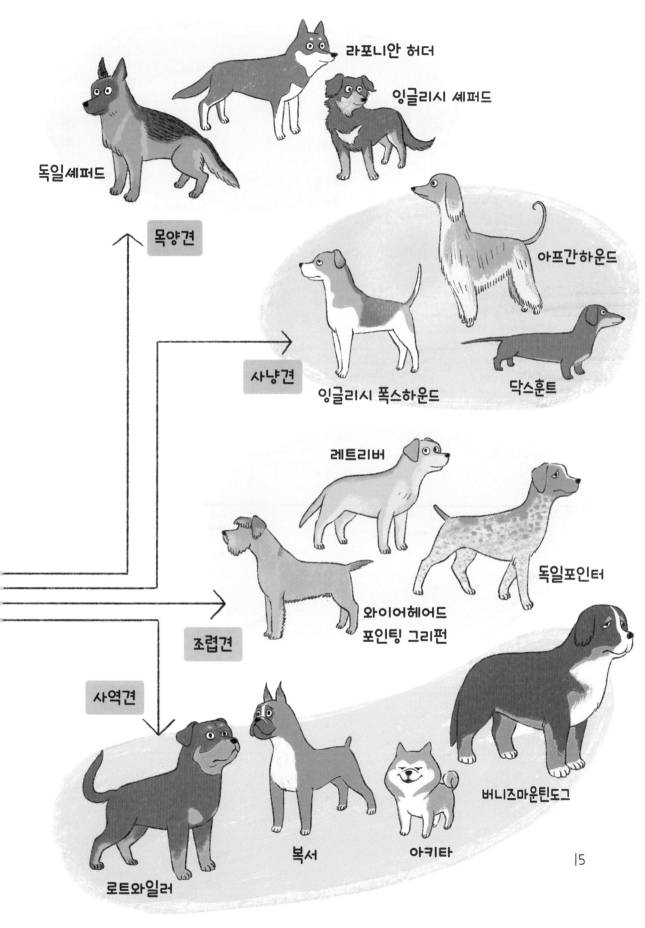

라포니안 허더

잉글리시 셰퍼드

독일셰퍼드

목양견

아프간하운드

사냥견

잉글리시 폭스하운드

닥스훈트

레트리버

독일포인터

와이어헤어드
포인팅 그리펀

조렵견

사역견

버니즈마운틴도그

복서

아키타

로트와일러

15

02 늑대 길들이기

늑대가 사람을 따르는 개가 되기까지는 어느 정도의 세월이 필요했을 거예요. 야성을 가진 늑대는 좀처럼 사람을 따르지 않았을 테니까요. 그런데도 인류는 온갖 노력 끝에 마침내 늑대를 온순한 개로 길들여 생활의 일꾼으로 이용했습니다. 그 과정을 한번 따라가 볼까요?

먹이 경쟁에서 공생 관계로

수렵 시대에 인류와 늑대는 비슷한 먹이를 사냥하는 경쟁 관계였습니다. 멧돼지와 사슴, 토끼 등의 작은 동물은 사람에게는 식량, 늑대에게는 좋은 먹잇감이었지요. 인류는 돌도끼와 창으로 무장했지만, 사나운 늑대를 두려워했습니다. 늑대 역시도 사람을 경계하면서 가까이 다가가기를 꺼렸지요.

그러던 어느 날, 인류와 늑대 사이의 경쟁 관계가 깨지는 일이 발생했어요. 일부의 늑대들이 인간이 먹다 버린 고기 뼈다귀에 주둥이를 대기 시작한 거예요. 그 늑대들은 대개 무리의 힘겨루기에서 패배해 쫓겨난 녀석들이었습니다. 배고픈 패배자들은 힘들여 사냥하는 것보다 인간의 음식물 쓰레기를 훔쳐 먹는 일이 훨씬 수월하다는 것을 경험했어요. 그래서 인간을 따라다니며 먹을거리를 탐하게 되었지요.

그 대신에 늑대들은 다른 동물들로부터 사람을 지켜 주는 경계 임무를

수행했지요. 가령 사나운 곰이나 호랑이가 움집으로 접근하면 크게 울어서 위험을 알려 주었어요. 사람은 그런 늑대를 쓸모 있는 동물로 생각하고 먹고 남은 고깃덩어리를 던져 주었죠. 연구자들은 이런 변화에서 사람과 늑대의 공생 관계가 시작되었다고 보고 있어요.

새끼 늑대를 길들여 보자

다 자란 야생 동물은 산 채로 잡아서 길들이기가 매우 어렵습니다. 어떤 야생 동물이든지 사람의 손에 잡히길 거부하고 도망치기 때문이지요. 그러나 젖을 떼지 않은 어린 야생 동물은 다릅니다. 젖먹이 새끼는 어리기 때문에 누군가에게 의지하려는 경향이 강하지요. 그래서 사람이 야생 동물의 새끼를 어릴 때부터 보호해 주면 어미처럼 따르게 됩니다. 인류가 늑대를 개로 길들일 때도 그러한 과정을 거쳤습니다.

개 아니면 식량

우연히 새끼 늑대들을 발견한 인류는 사람의 젖을 물려서 키웠을 거예요. 젖을 뗀 녀석들에게는 음식 찌꺼기로 배를 채워 주었지요. 그렇게 자라난 새끼 늑대는 길들어 사람을 따르게 되었어요. 성격이 사납고 사람을 잘 따르지 않는 늑대는 어떻게 했을까요? 가죽을 벗겨서 옷을 해 입고, 고기는 식량으로 썼을 거예요. 키워야 할 가치가 없기 때문입니다.

가축화에 관한 실험

1959년, 옛 소련의 유전학자 드미트리 벨라예프는 은여우를 대상으로 특별한 실험을 했습니다. 야생의 은여우들을 교배했을 때 '과연 몇 세대 만에 완전히 길든 은여우가 태어날 것인가?' 하는 것이지요. 바로 '동물의 가축화'에 관한 실험이었어요.

벨라예프는 은여우 암컷 100마리와 수컷 30마리를 1세대로 삼고 실험을 진행했습니다. 처음 태어난 새끼들 가운데 먼저 공격성이 낮은 녀석들을 골라서 젖을 먹이고 돌보아 주었습니다. 그런 식으로 세대를 거듭할 때마다 순한 성질을 지닌 은여우 새끼만을 골라서 교배했습니다. 그랬더니 불과 4세대 만에 사람에게 달라붙어 낑낑거리는 다정한 은여우를 얻을 수 있었지요. 다정한 은여우의 비율은 세대를 자주 거칠수록 그 수가 늘어났어요. 온순한 은여우는 30세대를 거치자 자그마치 49퍼센트나 태어났습니다.

50년의 세월이 흐른 뒤에 은여우의 후손들은 어떤 모습으로 바뀌었을까요? 약 70퍼센트의 은여우가 분양해도 좋을 만큼 붙임성이 뛰어났다고 합니다. 그 과정에서 은여우의 외형도 변했어요. 두개골이 짧고 뭉툭해지고, 꼬리가 둥글게 말리며 귀가 접히게 되었죠. 연구자들은 개의 가축화 과정도 이렇게 이루어졌을 것으로 예측했답니다.

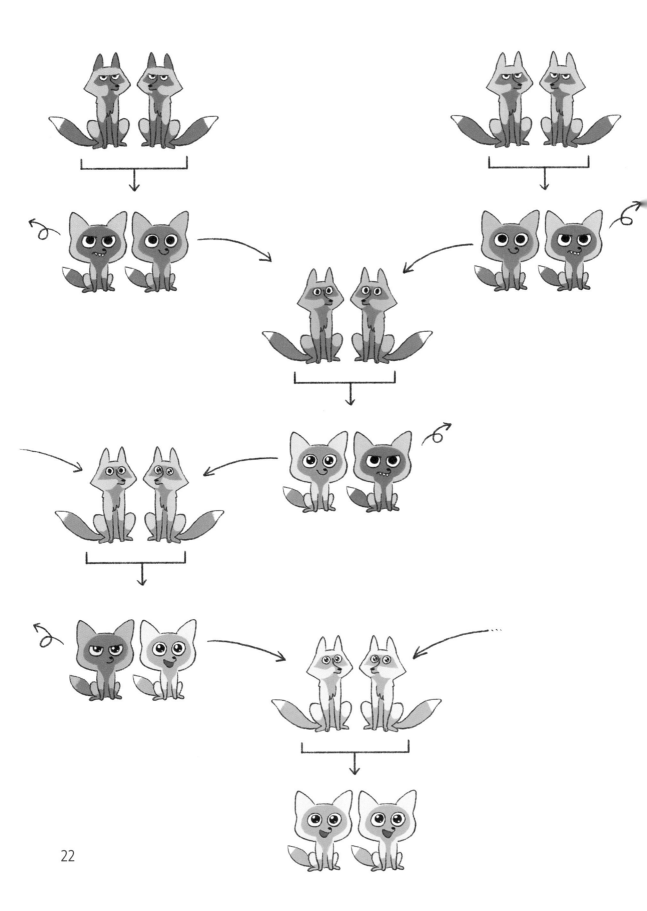

03 개와 늑대는 무엇이 다를까?

길든 늑대와 늑대 사이에서 태어난 녀석들은 가축화를 통해 '집개'가 되었어요. 집개는 길든 늑대에서 벗어난 최초의 '원시개'입니다. 원시개는 늑대와 다르게 유전 형질이 변한 것으로, 현재의 진돗개나 시바견의 모습이었습니다.

늑대개의 현주소

늑대와 개 사이에서 태어난 새끼를 '늑대개'라고 합니다. 영어로는 '울프도그'라고 하지요. 개와 늑대는 유전자가 99퍼센트 일치하기 때문에 짝짓기를 통해 새끼를 낳을 수 있습니다.

늑대개의 대표 종

늑대개는 어떤 개의 몸속에 늑대의 피가 얼마나 흐르느냐에 따라 순도가 달라집니다. 독일셰퍼드가 대표적인 늑대개인데, 짝짓기할 때 늑대와 개의 유전자 비율에 따라 순도가 달라집니다. 처음에 늑대와 셰퍼드 사이에서 태어난 1세대 새끼는 순도가 25퍼센트입니다. 1세대 셰퍼드가 늑대와 한 번 더 짝짓기하면 순도 50퍼센트의 늑대개가 태어나요.

반대로 순도 25퍼센트 셰퍼드가 일반 셰퍼드와 짝짓기하면 어떻게 될까요? 그 후손은 순도 0퍼센트 개가 된답니다. 일반적인 늑대개로는 시베리아허스키와 사모예드, 이누이트도그, 타마스칸도그 등이 있습니다.

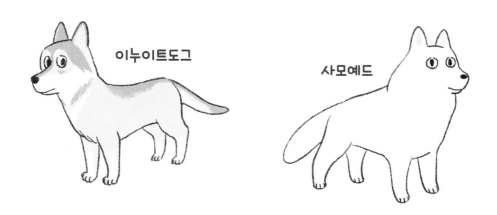

이누이트도그

사모예드

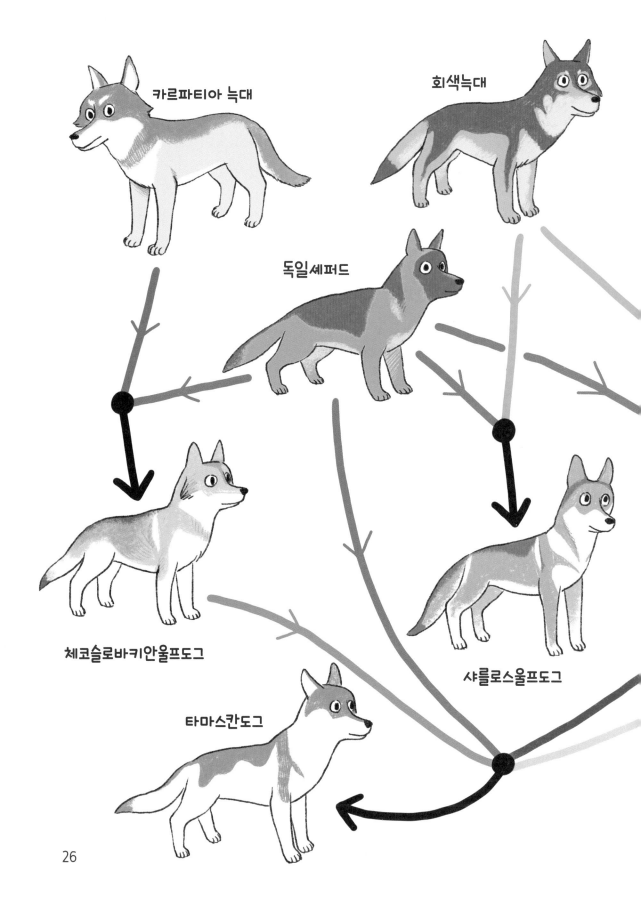

카르파티아 늑대

회색늑대

독일셰퍼드

체코슬로바키안울프도그

샤를로스울프도그

타마스칸도그

품종을 인정받은 늑대개

• 체코슬로바키안울프도그 - 카르파티아 늑대 + 독일셰퍼드

• 샤를로스울프도그 - 회색늑대 + 독일셰퍼드

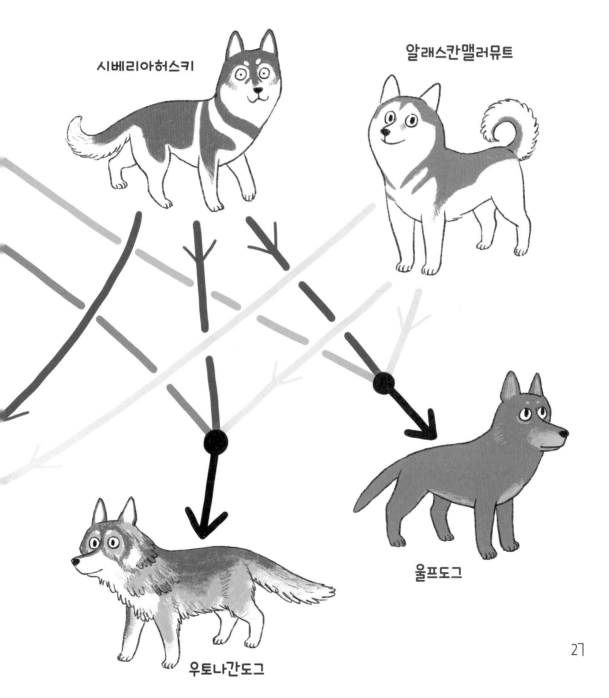

시베리아허스키

알래스칸맬러뮤트

울프도그

우토나간도그

늑대와 개의 공통점

늑대는 사회를 이루고 사는 동물입니다. 사냥할 때는 공동으로 협동해야 하고, 먹이를 먹을 때는 계급의 순서대로 먹어야 하지요. 그 규칙을 어기는 늑대는 무리에서 쫓겨나게 된답니다. 그와 달리 개는 문명화된 인간 생활 속에서 길든 모습으로 살아갑니다. 주인이 부르면 달려가고, 낯선 사람이 오면 짖고, 졸리면 자지요. 먹이는 주인이 알아서 챙겨 주니 걱정하지 않아도 됩니다.

그런데도 아직 개에게는 늑대와 닮은 습성이 남아 있습니다. 뼈다귀를 땅속에 파묻어 두기, 오줌 싸서 경계 표시하기, 자기보다 강한 상대 앞에서는 드러누워 복종하기 등의 행동들이 그렇습니다. 타고난 습성이 여전히 전해지고 있는 것이죠.

늑대와 비교되는 개의 특징

개는 인간에게 길들면서 몸에 변화가 생겼습니다. 먼저 머리뼈와 턱뼈가 늑대보다 짧아지고, 이빨이 촘촘하게 나면서 그 수가 많아졌습니다. 늑대처럼 고기만 먹지 않고 여러 음식을 섞어 먹은 결과입니다. 사람이 주는 먹이를 받아먹으면서 자연히 골격에도 변화가 생긴 것이죠.

개는 잡식하기 시작하면서부터 장에서 곡식을 소화하는 효소도 분비하게 되었습니다. 개의 짧아진 턱 구조는 짖는 소리도 달라지게 했습니다. 늑대처럼 길게 하울링 하지 못하고 컹컹 짖게 되었지요. 짧게 짖는 울음소리 덕분에 개는 경비견으로 승진했답니다.

04 개의 변천사

개는 인간의 선택으로 개량되어 널리 보급되었습니다. 세계적으로 수억 마리의 개가 있고, 우리나라에 분양된 반려견의 수만 해도 헤아릴 수 없이 많습니다. 그동안 반려견들은 우리와 서로 도우며 함께 살면서 세 번의 큰 변천사를 겪었습니다. 그 변천 과정을 따라가 볼까요?

도우미로서의 개

개는 오랜 옛날부터 사람 곁에 머물러 살 수 있도록 길든 최초의 가축입니다. 개가 최초의 가축이 된 이유는 무엇일까요?

자기보다 강한 자에게 복종하면 먹을거리를 쉽게 얻는다는 사실을 알았기 때문입니다. 그래서 개는 사람과의 거리를 좁히는 방법을 택했어요. 그것은 바로 '길드는 것'이었어요. 개는 주인이 원하는 대로 부지런히 움직였습니다. 사냥에 나가면 온 힘을 다해 멧돼지를 쫓고, 오리를 물어오고, 너구리의 굴을 팠습니다. 주인이 어떤 목표를 정해 주면 쏜살같이 달려서 언덕을 넘고 숲을 가로질렀지요.

충성스러운 개는 혓바닥을 내밀고 헐떡이면서도 주인의 요구를 잘 따랐습니다. 심지어는 주인이 손가락으로 총 쏘는 시늉을 하며 "빵!" 하고 소리치면 그 자리에서 죽는시늉도 마다하지 않았어요. 개는 한 편의 영화에 출

연한 스턴트맨처럼 맡은 배역을 훌륭하게 소화해냈지요. 사람은 그 대가로 개에게 먹이를 던져 주고, 개는 그것을 덥석 받아서 먹어 치웠어요. 그것이 개들이 인간과 함께 살아가게 된 배경입니다.

장난감으로서의 개

세월이 지나면서 개에 대한 대우도 크게 달라졌습니다. 사람은 마당에서 뛰놀던 개들을 집 안으로 들여놓기 시작했어요. 그러자 사냥 본능이 남아 있던 개들도 성격이 바뀌기 시작했어요. 주인에게 꼬리 치며 달려가서 응석을 부리고 손을 핥았지요. 또 주인 앞에서 오른발이나 왼발을 내밀거나 던진 공을 물어오기도 했고요. 실내에서 생활하게 된 개들은 똥오줌을 가리는 문화생활도 점점 익숙해졌습니다.

동시에 개들은 집을 지키는 도우미에서 벗어나 놀이의 대상이 되었어요. '애완견'이라는 이름으로 널리 불리며 '살아 있는 장난감' 역할을 하게 되었지요. 애완견은 '놀아 주는 따뜻한 장난감' 같은 존재로 사람들로부터 많은 인기를 얻게 되었습니다. 플라스틱 장난감하고는 비교가 되지 않았으니까요.

한 가족으로서의 개

해가 거듭될수록 집마다 집 안에서 키우는 개들이 늘어났습니다. 그런데 사람들이 개와 함께 한 공간에서 생활하다 보니 좋지 않은 일이 생겨났어요. 개를 함부로 대하거나 지나치게 놀이의 대상으로 삼는 바람에 고통받는 개들이 많아졌습니다.

사회적으로 큰 논란을 불러일으키자, 동물학자들은 사람들이 개를 너무 가볍게 대하는 태도에 주목했습니다. 그들은 자칫 장난감으로 취급될 수 있으므로 '애완견'보다는 '반려견'으로 바꿔 부르자고 제안했어요.

반려견은 '평생 함께 살아가는 동반자'를 뜻합니다. 개를 가족의 일원으로 인정해 준 셈이지요. 그 이유는 개가 오랫동안 사람의 곁에서 충성하고 봉사하며 가족처럼 지내왔기 때문입니다.

05 좋은 개와 약한 개

인간은 오랫동안 좋은 개를 만들려고 노력했습니다. 예쁜 개와 예쁜 개를 교배하면 더 예쁜 개가 나오리라 기대했죠. 태어난 개가 기대에 미치지 못하면 버려졌고, 마음에 든 개는 살아남아 후손을 남기게 되었습니다. 좋은 개를 만들려는 인간의 노력이 나쁜 건 아닐 수 있지만, 문제는 그 과정에서 유전적으로 약한 개들이 생겨났어요. 왜 그런 걸까요?

잡종일수록 좋은 개

좋은 개를 한마디로 정의하면 '흔해 빠진 잡종'입니다. 잡종견은 특별한 혈통이 없는, 서로 다른 개들이 교배하여 낳은 개를 말해요. 이들은 유전적인 요소가 다양한 관계로 면역 체계가 강해서 튼튼한 개로 자라납니다. 대부분의 잡종은 떠돌아다니며 자연 번식하기 때문에 유전학적으로 좋은 개가 탄생하지요.

유명한 들개로는 오스트레일리아에 사는 '딩고'를 꼽을 수 있습니다. 딩고는 본래 집개였는데, 인간에 의해 오스트레일리아로 이주하면서 야생화되었답니다.

우리 집은 혈통이
너무 복잡해서
그릴 수가 없대.

순종일수록 약한 개

같은 혈통을 지닌 종들 사이에서 태어난 개를 '순종'이라고 합니다. 순종은 가족이나 형제의 피가 섞일 수 있어 건강이 좋지 않은 개가 될 확률이 아주 높습니다. 가령, 사람이 순도 높은 달마티안을 얻기 위해서는 그 부모나 자식 또는 한 배에서 태어난 형제들끼리 교배시켜야 하지요. 그렇게 태어난 순종은 면역 체계와 유전 형질이 다양하게 발현되지 못해 질병이나 암에 걸리기 쉽습니다. 그래서 약한 몸으로 태어날 확률이 높아요.

개 브리딩

지난 100년 동안 약 350품종의 개들이 순종이라는 이름으로 세상에 태어났습니다. 빅토리아 여왕 시대에 영국의 상류층들 사이에서는 우생학이 유행하면서 '브리딩(번식)'도 인기였습니다.

'개 브리딩'은 종이 다른 우수한 개들을 서로 교배해 특이한 품종의 개를 얻어내는 방법입니다. 그 예로 눈이 큰 개와 다리가 짧은 개를 교배해 퍼그처럼 생긴 종을 탄생시키는 것을 들 수 있습니다. 큰 눈과 짧은 다리를 가진 퍼그를 다시 주둥이가 뭉툭한 개와 교배하면 마침내 완전한 퍼그가 태어나요. 여기서 똑같은 퍼그를 계속 받아내려면 한 배에서 태어난 퍼그끼리 교배해야 합니다. 그렇게 해서 태어난 퍼그는 '순종'의 꼬리표를 단 채 같은 방법으로 혈통을 이어가지요.

순종 퍼그는 형질이 다양하지 못해 태어날 때부터 약하거나 쉽게 병드는 약점이 있습니다. 유전적인 다양성을 지니고 태어나는 퍼그는 1만 마리 중에 겨우 50마리 정도밖에 되지 않아요. 이것이 바로 순수 혈통으로 묶여 있는 모든 개의 문제점이랍니다.

병에 시달리는 순종 개들

• **퍼그** - 25~30센티미터로 키가 작고, 이마에 깊은 주름이 있어 독특한 표정을 지어요. 코가 짓눌린 형태로 짧아서 숨쉬기가 어려워 산소 결핍증에 시달립니다. 몸에 지방이 잘 쌓여 비만과 고혈압의 위험도 있어요.

• **불테리어** - 불도그와 테리어를 교배하여 육종한 품종으로, 근육질 다부진 체격에 털이 짧고 용맹해요. 그런데 자기 꼬리를 물려고 빙글빙글 도는 유전병을 지니고 태어납니다.

• **불도그** - 머리가 크고 네모졌으며 입은 폭이 넓고, 코는 짧고 넓적해요. 근육질의 무거운 몸이라 관절이 좋지 않습니다. 새끼를 낳을 때는 제왕 절개 수술을 받아야 해요.

•**바셋하운드** - 굴에 들어가 토끼나 여우 등을 사냥할 수 있도록 다리가 짧게 개량된 품종이에요. 길게 늘어진 귀의 무게 때문에 눈꺼풀이 당겨지고 눈알이 돌출되어 눈이 자주 말라 안구 건조증에 시달려요.

•**세인트버나드** - 몸의 높이가 90센티미터 정도로 덩치가 커서 관절이 약하고, 털이 길어서 체온이 갑자기 올라가는 문제가 있어요.

•**샤페이** - 짧은 털과 주름진 피부로 유명해요. 하지만 독특한 피부 때문에 피부 관련 질병에 약해요. 눈꺼풀이 안으로 말려 들어가 눈을 자극해 힘들어하는 경우가 많아 수술해 주기도 해요.

개들의 잔치, 도그쇼

도그쇼는 세계 각지에서 뛰어난 품종으로 이름난 개들이 출전하는 쇼입니다. 일종의 '순종 품평회'라고 할 수 있는데, 순수한 혈통을 지닌 개가 얼마나 기본적인 순종에 가까운지 겨루는 것이죠. 견종마다 표준을 정하고 골격과 치아, 피부, 기질, 걸음걸이 등을 따져서 평가합니다. 대회의 취지는 겉으로만 아름다운 개를 뽑는 것이 아니지만, 실제로 도그쇼에 출전하는 개들은 겉모양을 강조한 모델들이 많은 편이에요.

45

우리나라 토종개

우리나라 토종개로는 진돗개와 풍산개, 삽살개, 동경이(경주개), 제주개 등이 있습니다. 오수개, 불개 등 더 많은 종이 있었는데, 멸종하거나 멸종 위기에 놓여 보존, 복원 등 다양한 노력이 이루어지고 있습니다.

우리나라 토종개들은 뛰어난 개일까요, 평범한 개일까요? 단순히 개를 겉모습으로만 판단한다면 귀가 쫑긋하고 콧등이 긴 원시개의 형태가 좋습니다. 브리딩이 덜 되어 유전적으로 늑대와 비슷하기 때문이에요.

우리나라 토종개는 삽살개를 제외하고 대부분 원시개의 모습을 하고 있습니다. 그렇다면 귀가 처지고 털이 길며 곱슬곱슬한 삽살개는 혈통이 좋지 않은 개일까요? 아닙니다. 삽살개는 과거에 돌연변이로 태어나 이종 교배로 혈통을 이어왔기 때문에 건강한 토종개입니다.

사실 혈통이나 족보가 중요한 게 아닙니다. 무엇보다 개를 대하는 우리의 태도가 중요하지요. 여러분의 마음가짐에 따라 뛰어난 개가 평범한 개로, 평범한 개가 뛰어난 개로 바뀔 수 있으니까요.

06 밥값을 하는 개

예로부터 사람들이 개를 가까이에 두고 보살핀 까닭은 무엇일까요? 개들이 '밥값'을 잘했기 때문이에요. 동물을 추격하는 사냥개나 집이나 건물을 지켜 주는 경비견, 사람에게 행복을 주는 반려견 등으로 저마다 밥값을 톡톡히 해내고 있지요. 이제 밥값을 하는 개들의 능력을 알아볼까요?

밥값은 냄새로

사람은 오감 가운데 80퍼센트를 시각, 곧 눈으로 파악합니다. 이와 달리 개는 코가 발달해 냄새로 80퍼센트의 정보를 알아내지요. 가령, 끓인 라면의 냄새를 맡은 개는 수프의 성분을 낱낱이 분류해낼 수 있습니다. 소금과 고춧가루, 조미료, 파, 다시마 등의 냄새를 따로따로 느낄 수 있다는 뜻이에요. 참으로 놀라운 일이지요? 개의 코는 콧속(비강)이 길고 넓어서 냄새를 결정하는 후각 세포가 인간보다 40배 이상 많습니다. 개는 그 코를 무기로 밥값을 하게 되었지요.

후각

개의 후각은 사람보다 약 1000 ~ 1억 배 정도
뛰어나요.

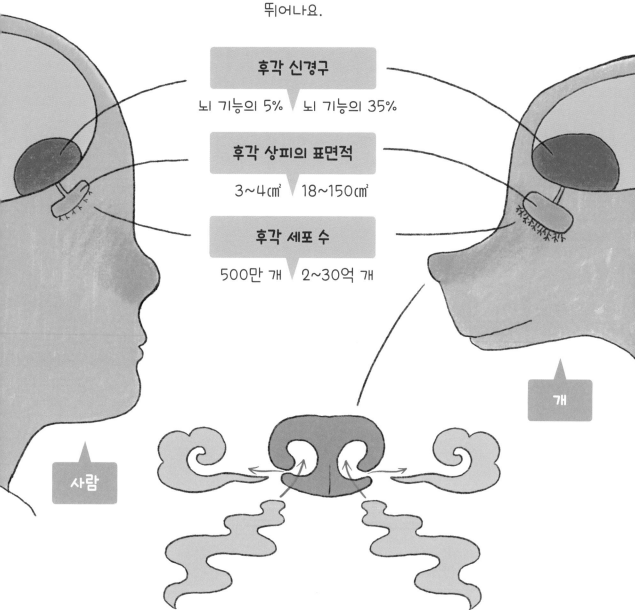

후각 신경구

뇌 기능의 5%   뇌 기능의 35%

후각 상피의 표면적

3~4㎠   18~150㎠

후각 세포 수

500만 개   2~30억 개

개

사람

개는 콧구멍으로 숨을 들이마시고 코 옆에 난 좁고 기다란 구멍으로 숨을
내쉬기 때문에(들숨과 날숨이 섞이지 않아) 냄새를 잘 맡을 수 있어요.

귀로도 밥값을 해요

인간은 보통 20~2만 헤르츠 범위의 주파수를 가진 소리를 들을 수 있지만, 개는 65~4만 5000헤르츠 범위의 주파수를 들을 수 있습니다. 개는 양쪽 귀를 따로 움직이며 소리에 집중할 수 있는데, 그 기능이 인간의 4배나 되지요. 가령 '바스락!' 하는 소리를 사람이 10미터 밖에서 들을 수 있다면 개는 40미터 밖에서도 들을 수 있어요. 또한 개는 주인의 발소리를 정확히 구분할 수 있습니다. 주인이 집 근처에 다가오면 짖지 않고, 낯선 사람이 다가오면 냉큼 짖어대지요. 개는 귀로도 밥값을 하는 셈이에요.

공짜 점심은 없다

수색, 인명 구조 등 어떤 특수한 임무를 맡은 개를 '특수견'이라고 해요. 특수견은 '밥값을 확실히 하는 개'입니다. 특수견 한 마리를 길러내기 위해서는 많은 시간과 비용이 소요됩니다. 2~3년의 훈련 기간 동안 거의 2억 원에 가까운 돈이 들어간다고 해요.

특수견은 특수한 임무를 수행해야 하는 만큼 일을 할 때는 확실히 해야 합니다. 만약 밥값을 제대로 해내지 못할 때는 당장 일반 개로 분양되고 말지요. 특수견에게도 냉정하게 '공짜 점심은 없다.'는 말이 통하는 대목이랍니다.

특수견의 분류

- **마약 탐지견** - 공항이나 항만에서 숨겨진 마약을 찾아내요.

- **검역견** - 불법으로 수출입되는 동식물을 찾아내요.

•폭발물 탐지견 - 냄새를 맡아 숨겨 놓은 폭발물을 찾아내요.

•인명 구조견 - 건물 붕괴 현장이나 산악, 바다 등에 서 사람을 구조해요.

•군견 - 위험 지역을 수색하거나 폭발물을 찾아내요.

전문 분야에서 활동하는 개들

•**사냥견** - 동물이나 새를 쫓아다니며 사냥해요.

•**목양견** - 목장에서 양을 몰고 다니며 지키는 양치기예요.

•**썰매견** - 사람과 짐을 끌고 다니는 일을 해요.

•**버섯견** - '트뤼프'로 불리는 송
로버섯을 찾아내요.

•**경주견** - 경주에 출전하여 빠르게 달려요.

•**경비견** - 도둑이나 낯선 사람으
로부터 집과 사람들을 지켜요.

07 시각 장애인을 위한 안내견

안내견은 시각 장애인의 눈과 발이 되어 주는 특수견입니다. 안전하게 걷도록 길을 안내하고 위험을 미리 알려 주죠. 안내견은 주로 성격이 온순하고 붙임성이 좋은 레트리버 종이 선발됩니다. 일할 때는 어떠한 유혹에도 관심을 두지 않고 오직 주인에게만 집중해야 하기 때문이에요.

지금은 근무 중

안내견이 노란 조끼를 입고 몸에 '하네스'로 불리는 손잡이를 달고 있으면 일하고 있다는 뜻입니다. 시각 장애인이 하네스를 잡으면 안내견은 길 안내를 시작하지요. 이때는 시각 장애인이 반복적으로 다니는 길을 이용합니다. 가령 학교에서 집까지, 집에서 회사까지 미리 지정된 길로 안내하지요.

차별은 안 돼요

시각 장애인은 안내견을 데리고 식당을 이용하거나 택시를 탈 수 있어요. 만약 식당에서 받아 주지 않거나 택시가 승차를 거부한다면 법적인 처벌을 받게 됩니다.

안내견에게 하지 말아야 할 행동

안내견과 시각 장애인은 서로 믿고 의지하는 사이입니다. 언제나 끈끈한 사랑으로 교감을 나눠요. 그런데 둘 사이에 다른 사람이 끼어들어 방해하면 어떻게 될까요? 안내견이 집중력을 잃고 한눈팔 수 있어요. 그러면 시각 장애인의 안전에 위협을 줄 수 있으므로 길에서 안내견을 만나더라도 다음과 같은 행동은 절대 하지 마세요.

함부로 만지거나 쓰다듬지 마세요.

안내견의 한살이

❶ 탄생

안내견 학교에서 번식되는 강아지들은 엄선된 종자개와 엄마 개 사이에서 태어나요. 태어나면 7주 동안 안내견 학교에서 학습해요.

❷ 퍼피 워킹(Puppy walking)

예비 안내견 강아지들은 태어난 지 7주가 되면 일반 가정에서 1년 동안 보살핌을 받아요. 사람들과 친숙해지기 위한 것으로 전문 훈련 과정은 아니에요.

❸ 훈련

안내견 종합 평가에서 합격하면 안내견이 되기 위해 6~8개월 정도 훈련을 받아요. 품행, 급식, 배변, 유혹 억제 등 기초 훈련과 장애물 피하기, 목적지 인식 등 보행 훈련 등을 받지요.

❹ 시각 장애인과 만나기

훈련을 마치면 시각 장애인의 성격, 직업, 활동, 걸음걸이, 건강 상태 등을 고려해 가장 적합한 안내견을 선정해요.

❺ 시각 장애인과 함께하는 훈련

선발된 안내견과 시각 장애인은 함께 한 달 동안 교육을 받아요. 이 과정을 통해 신뢰를 쌓고 친밀한 관계를 형성하죠.

❻ 안내견 활동

교육이 끝나면 8년 정도 주인과 함께 생활하며 안내견 활동을 합니다.

❼ 은퇴

은퇴하면 자원봉사자 가정으로 위탁되거나 안내견 학교로 돌아가 남은 삶을 보냅니다.

성스러운 봉사견

시각 장애인의 눈과 발이 되어 주는 안내견은 동물적 본능을 버리고 살아야 합니다. 약 8년의 전성기 동안 시각 장애인과 지내며 먹는 것과 자는 것, 노는 것 등의 행동을 통제받기 때문이지요. 누군가를 위해 자기 삶의 절반을 봉사하며 살아가는 것은 결코 쉬운 일이 아니에요. 그런 의미에서 안내견은 세상에서 가장 성스러운 일을 하는 위대한 '봉사자'입니다.

08 개의 사생활

개의 평균 수명은 약 15년입니다. 사람의 수명으로 따지면 80 평생의 세월을 15년으로 나누어 사는 셈이지요. 이제부터 태어나서 죽을 때까지 개의 일생을 들여다보기로 해요.

새끼는 귀여워

개는 태어나서 6개월이 지나면 짝짓기를 할 수 있습니다. 짝짓기 뒤 약 두 달이 지나면 새끼를 낳을 수 있지요. 새끼는 태어나자마자 본능적으로 어미젖을 찾아서 빨아 먹습니다. 어릴 때는 온종일 먹고 자는 일만 하며 시간을 보내지요.

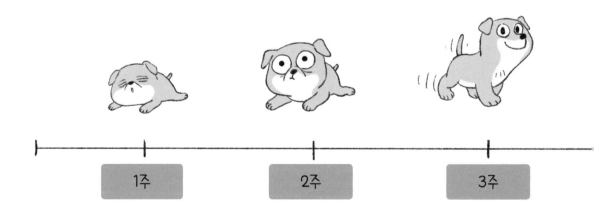

새끼들은 2주가 지나면 눈을 뜨고 소리에 반응합니다. 이 시기에는 부드러운 이유식을 먹을 수 있어요. 3주가 되면 새끼는 사람을 따르며 꼬리를 흔들게 되지요. 이리저리 냄새를 맡고 형제들끼리 장난을 치기도 합니다. 강아지는 두 달이 지나면 사람의 말귀를 알아듣고 반응하므로 그때부터 대소변을 가리는 훈련도 할 수 있답니다.

두 달

15년

개의 감각 능력

개의 지능 지수는 보통 3~4세 아이 수준이에요. 교육을 꾸준히 받으면 지능이 5~7세 정도까지 높아진다고 해요. 개는 기억력이 좋아서 10년 넘게 떨어져 있던 가족을 만나도 알아봅니다. 그런데 기억은 머리로 하는 것이 아니라 코로 해요. 코로 상대방의 미세한 냄새 정보를 기억하고 있다가 알아보는 것이지요.

개의 시력은 사람 눈의 30퍼센트 수준이에요. 사람만큼 명확하게 색깔을 구별할 수는 없지만, 노란색과 파란색 정도는 구분할 수 있어요. 대신 움직이는 물체를 보는 능력이 뛰어나고, 시야가 넓어요. 또한 빛을 반사해서 더 잘 보게 하는 '휘판'이 있어서 밤에는 사람보다 더 잘 볼 수 있답니다.

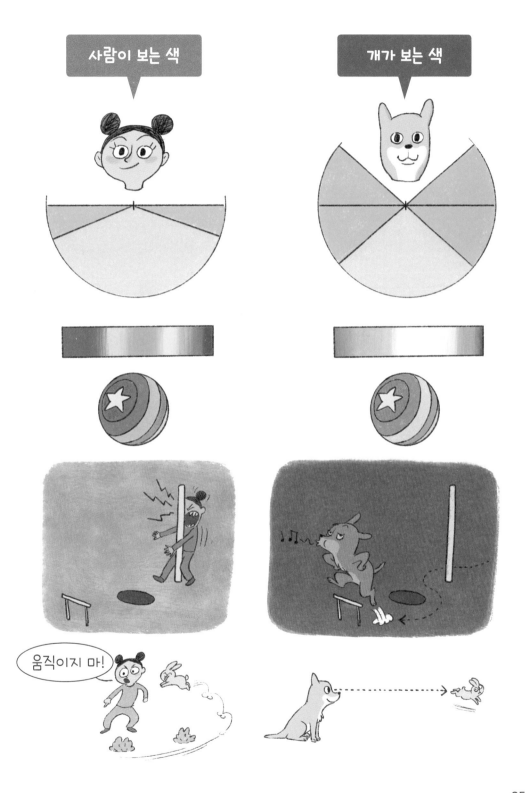

마음을 표현하는 행동들

개는 몸짓과 표정, 울음 등으로 자신의 감정을 드러냅니다. 귀와 꼬리를 세우고 빤히 쳐다보는 것은 경계한다는 뜻이에요. 이빨을 드러내고 으르렁 거리는 것은 공격할 준비가 되어 있다는 것이고요. 개가 꼬리를 흔드는 것은 반가움의 표시입니다. 수평으로 빠르게 흔들수록 상대에게 호감이 많다는 신호이지요.

개가 주인의 얼굴을 핥아 줄 때는 기분이 아주 좋은 상태예요. 반대로 주인의 눈을 물끄러미 바라보며 컹컹 짖을 때는 불만이 있다는 표시랍니다. 흔히 자신을 두고 주인이 외출하려고 할 때 그런 행동을 하지요.

무서워.

컹컹 저리 가!

크르르르 나 화났어!

다 귀찮다.

무척 거슬리는데.

우아~ 존경스럽다.

행복해!

으아, 스트레스!

꿈꾸는 개

개도 자면서 꿈을 꾸고 잠꼬대를 하기도 합니다. 자면서 으르렁거리거나 다리를 떠는 행동을 보이기도 하지요. 개가 무슨 꿈을 꾸는지는 모릅니다. 하지만 동물의 꿈을 연구하는 심리학자들은 개도 사람과 비슷할 것이라고 말해요.

가령, 개는 주인과 하루를 보내며 가장 기억에 남았던 일이나 분하고 억울했던 일 등을 꿈으로 꾼답니다. 심한 스트레스를 받으면 짧은 꿈을 여러 가지 꾼다고 해요. 그때의 꿈은 특별한 내용 없이 뒤죽박죽 정신만 사나운 '개꿈'이겠지요?

파블로프의 개

여러분은 개에게 밥을 줄 때 정해 놓은 규칙이 있나요? 제정 러시아의 생리학자 이반 파블로프는 개를 상대로 특별한 실험을 했습니다. 개에게 밥을 주기 직전에 항상 종소리를 들려주었지요. 그러다가 어느 날은 개에게 종소리만 들려주고 밥을 주지 않았습니다. 그러자 개는 침을 흘리며 밥을 기다렸지요.

실험을 마친 파블로프는 '규칙적으로 학습된 개에게 종소리란 밥 먹는 시간과 같다.'는 결론을 얻었어요. 그것은 대뇌의 작용에 의해 신체가 알아서 반응하는 '조건 반사' 때문이었지요. '파블로프의 조건 반사 실험'은 지금도 뇌 과학의 기초를 다지는 중요한 자료로 인용되고 있습니다.

여러분의 집에도 개가 있나요? 그렇다면 파블로프처럼 조건 반사를 실험해 보세요. 여러분의 개도 분명히 종소리에 반응하며 침을 흘리게 될 테니까요.

09 반려견과 더불어 살아가기

개는 영리하고, 말을 잘 듣고, 귀엽고, 사교적이고, 친숙하고, 애교가 많습니다. 그런 까닭에 반려동물로 가장 많이 선택받고 있어요. 많은 사람이 개를 평생의 동반자로, 가족으로 생각하고 있지요.

반려견을 사랑하는 방법

개의 입장에서는, 개로 태어난 것이 행운일까요? 불행일까요? 여러분이 개를 '반려견'으로 입양하는 순간부터 개는 가족이 됩니다. 그에 따라 여러분은 평생 개를 보호해 주고, 책임져야 할 의무가 있습니다.

개는 가족으로 대우받지 못할 때 가장 슬프고 화가 납니다. 빈집을 혼자서 오랫동안 지키는 일은 너무 힘들어요. 개는 무엇인가 하지 않으면 불안해요. 그때는 미친 듯이 돌아다니며 컹컹 짖거나 아무거나 물어뜯지요. 소파나 장판, 문지방 등은 이빨로 물어뜯기 딱 좋아요.

특히 배고픈 것은 정말 참기 어려워요. 처지를 바꿔서 생각해 봐요. 여러분이라면 며칠씩 먹지 않고 살 수 있나요? 밥을 주지 않고 며칠씩 집을 비워서는 안 돼요. 여행을 가거나 특별한 사정이 생긴다면, 반려동물 위탁 시설 또는 반려동물 돌보미를 이용하거나 지인에게 부탁해서 돌봄이 꼭 이루어지도록 해야 합니다.

개는 언제나 흙을 밟으며 뛰어다니고 싶어 하는 본능이 있어요. 밖에 나가서 흙먼지를 일으키며 돌아다니거나 코를 킁킁거리며 주위의 냄새 파악하기, 오줌을 발사해 흔적을 남기는 야외 활동은 개에게 너무도 소중한 시간입니다. 그러니 산책하러 자주 나가 주는 게 좋습니다.

반려견과 외출할 때는 목줄이나 가슴줄, 이동 장치 등을 사용해야 해요. 목줄이나 가슴줄의 길이를 2미터 이내로 해서 반려견과 다른 이의 안전을 함께 지켜야 하고요.

올바른 반려동물 문화를 위해

반려동물을 키우는 인구가 늘면서 반려동물을 내버려 두거나 버리는 일, 때리거나 죽이는 등 가슴 아픈 소식도 곳곳에서 들려오고 있어요.

길에 버려진 반려견들은 갈 곳이 없어 공원이나 야산, 길거리, 휴게소 등지를 쏘다녀요. 그들은 들개가 되거나 동네 쓰레기통을 뒤지며 힘겹게 살아가지요.

그런 친구들은 자기가 버려진 곳에서 멀리 떠나지 않아요. 왜 그럴까요? 혹시라도 주인이 다시 데리러 올까 봐 그 주위를 맴도는 거예요. 그중에는 버려진 자리에 앉아서 1년이 넘게 주인을 기다리는 친구도 있습니다. 지난 날 가족과 함께 지냈던 소중한 시간을 잊지 않고 있기 때문이죠. 눈치가 빠른 개들은 가족에게 버림받는 게 싫어서 먼저 집을 떠나 버리기도 합니다.

이처럼 안타까운 상황은 날마다 일어나고 있어요. 개는 사람의 즐거움을 위해 태어나지 않았어요. 우리의 보살핌이 필요하지만, 그들 역시 우리와 지구에 사는 개별적 생명체입니다.

동물 보호법에서는 '동물의 신체 훼손 금지, 굶주림과 영양 부족 금지, 다치거나 병들었을 때 치료하기, 스트레스 없는 정상적인 활동 보장'을 권하고 있습니다.

누구든지 그 내용을 위반했을 때는 벌금을 내거나 금고형의 처벌을 받습니다. 우리 모두 법을 꼭 지키며 동물 보호에 앞장서기로 해요.

난 버려진 게 아니야.
꼭 다시 데리러 올 거야.

특히 반려동물을 입양했을 때는 반드시 동물의 이력을 관공서에 등록해 보살피도록 해야 합니다. 반려동물을 등록하면 사람의 주민 등록증과 같은 동물 등록증을 발급해 혹여 잃어버려도 빠르게 찾을 수 있어요. 반려동물을 버리는 나쁜 행위도 막을 수 있고요.

반려동물이 있다면 동물 보호법에 관심을 두고 바뀐 내용이 있는지, 추가된 것은 없는지 꼼꼼히 살펴보아요. 내 가족을 올바르게 사랑하고 지키는 방법이니까요.

개 관련 상식 퀴즈

01 개의 학명은 '카니스 루푸스 파밀리아리스'로 '가족처럼 친근한 늑대'를 뜻해요. ○ ✕

02 늑대가 개로 가축화되었다는 증거는 없어요. ○ ✕

03 사람의 손에서 자란 새끼 늑대는 길들어 사람을 따르게 되었어요. ○ ✕

04 늑대와 개 사이에서 태어난 새끼를 ＿＿＿＿＿＿＿ 라고 해요.

05 독일셰퍼드는 대표적인 늑대개예요. ○ ✕

06 개에게는 늑대와 닮은 습성이 남아 있지 않습니다. ○ ✕

07 개와 늑대는 본능적인 습성이 비슷합니다. ○ ✕

08 개는 컹컹 짖고 늑대는 길게 ＿＿＿＿＿＿＿ 합니다.

09 개는 오랜 옛날부터 사람 곁에 머물러 살 수 있도록 길든 최초의 가축이에요. ○ ✕

10 사람들은 개를 '평생 함께 살아가는 동반자'를 뜻하는 ＿＿＿＿＿＿＿ 으로 불러요.

11 특별한 혈통이 없는, 서로 다른 개들이 교배하여 낳은 개를 ＿＿＿＿＿＿＿ 이라고 해요.

12 순종은 가족이나 형제의 피가 섞일 수 있어 건강이 좋아요. ○ ✕

13 '개 브리딩'은 종이 다른 우수한 개들을 서로 교배해 특이한 품종의 개를 얻어내는 방법입니다. ○ ✕

14 도그쇼는 순수한 혈통을 지닌 개가 얼마나 기본적인 순종에 가까운지 겨루는 대회예요. ○ ✕

15 삽살개는 과거에 돌연변이로 태어나 이종 교배로 혈통을 이어왔기 때문에 토종개가 아니에요. ○ ✕

16 개는 눈이 발달해 대부분의 정보를 눈으로 파악해요. ○ ×

17 수색, 인명 구조 등 어떤 특수한 임무를 맡은 개를   이라고
해요.

18 목양견은 목장에서 양을 몰고 다니며 지키는 양치기예요. ○ ×

19 시각 장애인의 눈과 발이 되어 주는 특수견을   이라 해요.

20 주로 성격이 온순하고 붙임성이 좋은 레트리버 종이 안내견으로 선발되
어요. ○ ×

21 개는 태어나서 6개월이 지나면 짝짓기를 할 수 있습니다. ○ ×

22 개의 지능 지수는 보통 7~8세 아이 수준이에요. ○ ×

23 개는 사람만큼 명확하게 색깔을 구별할 수 있어요. ○ ×

24 반려동물을 등록하면 사람의 주민 등록증과 같은   을 발급
받을 수 있어요.

25 반려견과 외출할 때는 목줄이나 가슴줄, 이동 장치 등을 사용해야 해요.
○ ×

개 관련 단어 풀이

학명 학술적 편의를 위하여, 동식물 따위에 붙이는 이름. 스웨덴의 식물학자 린네가 처음 생각해낸 것으로 라틴어를 사용하여 앞에는 속명(屬名)을, 그 다음에는 종명(種名)을 붙이는 이명법으로 되어 있음.

수렵 시대 인류가 야생의 짐승을 사냥하여 주식으로 삼던 원시 시대.

가축화 인간이 생활에 이용하기 위하여 들짐승을 집짐승으로 길들임.

아종 종을 다시 세분한 단위.

유전자 생식 세포를 통해 어버이로부터 자손에게 전달되는 유전 정보의 기본 단위.

식육목 주로 고기를 먹는 짐승으로 대개 이가 날카롭고 발톱과 송곳니가 발달했으며, 성질이 사나움. 갯과, 고양잇과, 곰과, 족제빗과 따위.

잡종 서로 다른 종(種)의 교배에 의하여 생긴, 유전적으로 여러 종의 유전자가 섞인 생물.

디엔에이(DNA) 유전자의 본체. 모든 세포, 생물과 DNA 바이러스에서 유전 물질을 가진 핵산.

가정견 집에서 키우는 개.

목양견 목장에서 양을 지키고, 밤이 되면 집으로 몰아가도록 훈련된 개.

사냥견 사냥할 때 부리기 위하여 훈련을 시킨 개.

조렵견 사냥꾼을 돕는 사냥개로, 주로 새를 총으로 사냥하는 일을 돕는 개.

사역견 사냥 이외의 각종 작업이나 노동에 쓰기 위해 사육하는 개.

야성 자연 또는 본능 그대로의 거친 성질.

공생 서로 도우며 함께 삶.

야생 동물 산이나 들에서 저절로 나서 자라는 동물.

소련 유럽 동부와 아시아 북부에 있었던 연방 공화국. 옛 제정 러시아의 대부분과 우크라이나를 비롯한 15개 공화국으로 이루어진 다민족 국가였으나, 1991년 사회주의가 붕괴되고 연방이 해체됨.

유전 형질 생식 세포 가운데 어버이의 형질을 자손에게 전하는 물질.

순도 어떤 물질에서 주성분인 순물질이 차지하는 비율.

하울링 갯과 동물들이 소리를 길게 뽑아내는 울음소리.

경비견 경비를 목적으로 특별히 사육하고 훈련한 개.

개량 나쁜 점을 보완하여 더 좋게 고침.

우생학 유전 법칙을 응용해서 인간 종족의 개선을 연구하는 학문. 유전학의 한 분야로, 1883년에 영국의 유전학자 골턴이 제창함.

산소 결핍증 몸의 각 조직에 산소가 부족한 상태. 폐나 순환 계통의 병 또는 빈혈 따위가 일어나고 뇌에 영향을 크게 줌.

비만 살이 쪄서 몸이 뚱뚱함.

고혈압 혈압이 정상 수치보다 높은 증상.

제왕 절개 수술 어미의 배를 가르고 인공적으로 새끼를 꺼내는 수술.

안구 건조증 결막이나 공막의 겉껍질이 두꺼워지고 굳어져 눈알이 눈물에 젖지 않고 하얀 은빛을 나타내는 병.

오감 시각, 청각, 후각, 미각, 촉각의 다섯 가지 감각.

비강 콧구멍에서 목젖 윗부분에 이르는 빈 곳. 냄새를 맡고, 공기 속의 이물을 제거하며, 들이마시는 공기를 따뜻하게 하는 작용을 함.

후각 냄새를 맡는 감각.

후각 세포 코점막에 있는 방추형 신경 세포. 냄새 자극을 감지하여 이 세포의 돌기로 이루어진 후각 신경을 통해 뇌로 전달함.

후각 신경구 냄새 감각을 전달하는 후각로의 앞쪽 끝에 길쭉하게 팽대된 부분. 벌집뼈의 체판에 접하여 있고, 후각 신경 섬유가 이곳으로 들어가 연접을 이룸.

후각 상피 콧속 윗부분에 점액으로 덮인 세포층. 냄새를 감지하는 후각 세포를 가짐.

헤르츠 진동수의 국제단위. 1초 동안의 진동 횟수. 기호는 Hz.

주파수 전파나 음파가 1초 동안에 진동하는 횟수.

하네스 시각 장애인과 안내견이 서로의 움직임을 전달하고 안전하게 보행하도록 설계된 ㄷ자형의 손잡이.

지능 지수 지능 검사의 결과로 지능의 정도를 총괄하여 하나의 수치로 나타낸 것. 정신 연령을 생활 연령으로 나눈 다음 100을 곱하여 계산하는데, 평균값을 100으로 보고 90~110은 보통, 그 이상은 지적 발달이 앞선 것, 그 이하는 뒤진 것으로 봄.

시야 시력이 미치는 범위.

휘판 시신경과 망막 사이에서 빛을 반사하는 역할을 하는 반사판.

생리학자 생물의 기능과 활동의 원리를 연구하는 사람.

조건 반사 동물이 그 환경에 적응하기 위하여 후천적으로 획득하는 반사. 개에게 밥을 줄 때마다 종을 울리면, 나중에는 종소리만 울려도 개가 침을 흘리게 되는 현상을 말함.

금고형 교도소에 가두어 자유를 박탈하는 자유형의 하나. 교도소에 가두기만 할 뿐 징역형처럼 노동하지는 않음.